PETIT ALPHABET
DES ENFANTS
ORNÉ DE GRAVURES

PARIS
BERNARDIN-BÉCHET, LIBRAIRE-ÉDITEUR
31, QUAI DES AUGUSTINS.

PETIT ALPHABET
DES ENFANTS
ORNÉ DE GRAVURES

PARIS
BERNARDIN-BÉCHET, LIBRAIRE-ÉDITEUR
31, QUAI DES AUGUSTINS.

1861

A B C
D E F
G H I J
K L M

N O P

Q R S

T U V

X Y Z

MAJUSCULES

A B C D E F G H I J K
L M N O P Q R S T U
V W X Y Z Æ OE

VOYELLES

a e i o u y.

CONSONNES

b c d f g h j k l m n p q r s t v x z.

CHIFFRES

1 2 3 4 5 6 7
8 9 0

SYLLABES

ba	be	bé	bi	bo	bu
ca	ce	cé	ci	co	cu
da	de	dé	di	do	du
fa	fe	fé	fi	fo	fu
ga	ge	gé	gi	go	gu
ha	he	hé	hi	ho	hu
ja	je	jé	ji	jo	ju
ka	ke	ké	ki	ko	ku
la	le	lé	li	lo	lu
ma	me	mé	mi	mo	mu

na	ne	né	ni	no	nu
pa	pe	pé	pi	po	pu
ra	re	ré	ri	ro	ru
sa	se	sé	si	so	su
ta	te	té	ti	to	tu
va	ve	vé	vi	vo	vu
xa	xe	xé	xi	xo	xu
za	ze	zé	zi	zo	zu

MOTS DE DEUX ET TROIS SYLLABES

poi - re
lai - ta - ge
ma - man
en - fan - ce
san - té
de - main
sa - me - di
di - man - che
pâ - te
ai - me - ra
sen - ti
cha - ri - té

pan - ta - lon
ha - ri - cot
sei - gneur
ven - dre - di
seu - le - ment
flû - te
sou - pi - re
clo - che
men - ti - ra
lun - di
ser - van - te
par - ta - gé

MEMBRES DE PHRASES

Dieu aime les enfants sages.
La terre est ronde et fertile.
Le soleil est très-brillant.
La neige tombe pendant l'hiver.
L'oiseau chante au printemps.
On moissonne pendant l'été.
On vendange en automne.
Mon père est très-savant.
Ma mère est très-bonne.
Mon frère va à l'école.
Ma sœur a une poupée.
Allons nous promener au jardin.
Demain nous irons à la pêche.
Lundi mon cousin viendra.

L'ANE

Travailleur infatigable, sobre, patient et modeste, l'âne est l'animal domestique le plus utile et le meilleur serviteur de l'habitant des campagnes, n'exigeant pour ainsi dire aucun soin. Il coûte très-peu par lui-même et est très-facile à nourrir. Il peut aussi servir de monture, toutes ses allures sont douces et il bronche moins que le cheval.

L'ÉLÉPHANT

L'Éléphant est le plus grand des quadrupèdes connus. Il est originaire de l'Asie et de l'Afrique. Son corps est monstrueux et d'une couleur cendrée, sa peau rugueuse, sa tête énorme, ses oreilles longues et pendantes; ses yeux petits, mais vifs et spirituels; son nez ou trompe lui sert pour porter sa nourriture à la bouche.

LE CHEVAL

La plus belle conquête que l'homme ait jamais faite, est celle de ce fier et fougueux animal qui partage avec lui les fatigues de la guerre et la gloire des combats.

Outre ses travaux ordinaires qui sont le trait et la course, on le voit dans les cirques, faire des exercices qui surprennent et donnent une haute idée de son intelligence.

LE CHIEN

Le chien a, par excellence, toutes les qualités qui peuvent fixer l'attention de l'homme; il est de tous les animaux le plus intelligent, le plus soumis, le plus fidèle et le plus reconnaissant.

Les variétés du chien sont très-nombreuses; celui que représente notre gravure est un chien de chasse dit chien d'arrêt.

LE LOUP

Le loup est de la grosseur d'un chien; son pelage est mélangé de gris, de jaune et de noir. Ce qui lui donne surtout l'air sauvage ce sont ses yeux d'un vert clair qui brillent dans l'obscurité d'un éclat extraordinaire. Le loup possède assez de force et d'adresse pour attaquer des animaux plus grands que lui, comme le cheval et le bœuf.

LE LION

Le lion est beau, fier, imposant; sa démarche est noble, sa voix terrible, sa force prodigieuse. Cet ensemble admirable lui a valu le titre de roi des forêts. Le rhinocéros, l'éléphant, le tigre et l'hippopotame sont les seuls animaux qui osent se mesurer avec lui. La lionne est moins grande que le lion et n'a point de crinière.

L'HIPPOPOTAME

Cet animal monstrueux par sa taille et sa forme vit de préférence dans les rivières. Il court dans l'eau avec la rapidité du cheval en plein champ. Sa peau est tellement dure qu'une balle ne pourrait la perforer.

L'hippopotame est originaire d'Afrique; il n'attaque jamais l'homme et se nourrit d'herbes et surtout de poissons.

LE CYGNE

La beauté de la forme répond, dans le cygne, à la douceur du naturel; on l'aime, on l'admire; fier de sa noblesse, jaloux de sa beauté, le cygne semble faire parade de tous ses avantages; il a l'air de chercher à captiver les regards, soit en voguant au milieu des eaux, soit en venant étaler ses beautés sur le bord du rivage où des signaux l'appellent.

www.ingramcontent.com/pod-product-compliance
Lightning Source LLC
Chambersburg PA
CBHW071434060426
42450CB00009BA/2175